BEI GRIN MACHT SICH IHR WISSEN BEZAHLT

AF168117

- Wir veröffentlichen Ihre Hausarbeit, Bachelor- und Masterarbeit

- Ihr eigenes eBook und Buch - weltweit in allen wichtigen Shops

- Verdienen Sie an jedem Verkauf

Jetzt bei www.GRIN.com hochladen und kostenlos publizieren

GRIN

Max Frischs "Andorra". Eine tiefgründige Analyse von Vorurteilen und Identität

Bibliografische Information der Deutschen Nationalbibliothek:

Die Deutsche Nationalbibliothek verzeichnet diese Publikation in der Deutschen Nationalbibliografie; detaillierte bibliografische Daten sind im Internet über http://dnb.d-nb.de abrufbar.

ISBN: 9783346885395
Dieses Buch ist auch als E-Book erhältlich.

Druck und Bindung: Books on Demand GmbH, Norderstedt Germany
Gedruckt auf säurefreiem Papier aus verantwortungsvollen Quellen

Das vorliegende Werk wurde sorgfältig erarbeitet. Dennoch übernehmen Autoren und Verlag für die Richtigkeit von Angaben, Hinweisen, Links und Ratschlägen sowie eventuelle Druckfehler keine Haftung.

Das Buch bei GRIN: https://www.grin.com/document/1361607

Portfolio

„Andorra"

Max Frisch

Inhaltsverzeichnis

1. Das Werk allgemein
1.1 Autor
1.1.1 Biographie

Max Rudolf Frisch war ein Schweizer Journalist, Schriftsteller sowie Architekt. Er ist am 15. Mai 1911 in Zürich geboren und verstarb am 4. April 1991 an einer Krebserkrankung ebenfalls in Zürich. Max Frisch gehörte zu den bekanntesten deutschsprachigen Autoren der Nachkriegsliteratur. Sowohl für seine frühen Werke im Theater und seine späteren Dramen erhielt Max Frisch viele Auszeichnungen. [1] Motive bei Frischs Werken sind die Auseinandersetzungen seiner Protagonisten mit sich selbst[2], das spiegelt sich auch in „Andorra" wieder.

Nach einem abgebrochenen Germanistik-Studium und Tätigkeit als Journalist schloss er 1940 sein Architekturstudium ab. Nebenbei fing er schon an „Stiller" zu verfassen, was seinen Durchbruch als Schriftsteller 1950 bis 1960 begründete[3], sodass er sich ausschließlich auf das Schreiben konzentrieren konnte. Aber auch seine Romane „Homo faber", oder „Mein Name sei Gantenbein" sind berühmte Werke deutschsprachiger Literatur und sind ursächlich für die Bekanntheit des Autors. In seinen späteren Werken befinden sich zudem auch Auseinandersetzungen mit seinem Heimatland Schweiz. Max Frisch erlebte nach seinem Durchbruch viele Ortswechsel, unter anderem auch nach Rom, Berlin und New York.[4] 1968 heiratete er dann die Studentin Marianne Oellers. 1979 wird diese Ehe aber wieder geschieden.[5]

Er wurde 1976 mit dem Friedenspreis des Deutschen Buchhandels ausgezeichnet.[6] Danach erhält er verschiedenste Auszeichnungen und Preise, bevor er am 4. April 1991 an einer Krebserkrankung verstirbt. Frisch hatte ebenfalls Gedächtnisprobleme, mit einem beschämenden Auftreten wollte niemanden einen Gefallen machen.[7]

---

[1] Vgl. *unbekannter Autor*, Max Frisch. In: whoswho, online unter <https://whoswho.de/bio/max-frisch.html> (abgerufen am 18.12.2021).

[2] Vgl. *unbekannter Autor*, Max Frisch. In: Wortwuchs, online unter <https://wortwuchs.net/lebenslauf/max-frisch/> (abgerufen am 18.12.2021), Im Folgenden zit. als: *unbekannter Autor,* Max Frisch. In: Wortwuchs.

[3] Vgl. *unbekannter Autor*, Max Frisch. In: Lernhelfer, online unter <https://www.lernhelfer.de/schuelerlexikon/deutsch-abitur/artikel/max-frisch#> (abgerufen am 18.12.2021), im Folgenden zit. als: *unbekannter Autor,* Max Frisch. In: Lernhelfer.

[4] Vgl. *unbekannter Autor*, Max Frisch. In: Wortwuchs (abgerufen am 18.12.2021).

[5] Vgl. *unbekannter Autor*, Max Frisch. In: Lernhelfer (abgerufen am 18.12.2021).

[6] Vgl. *unbekannter Autor*, Max Frisch. Friedenspreis 1976. In: Friedenspreis, online unter <https://www.friedenspreis-des-deutschen-buchhandels.de/alle-preistraeger-seit-1950/1970-1979/max-frisch> (abgerufen am 18.12.2021).

[7] Vgl. Fredi *Lerch*, Max Frisch stirbt. In: Fredi Lerch, online unter <https://stw.fredi-lerch.ch/maeander/maeander-1-ich-vertraeumter-reporter/max-frisch-stirbt> (abgerufen am 18.12.2021).

1.1.2 Zeitstrahl

1911	Max Rudolf Frisch wird am 15. Mai 1911 in Zürich geboren	**Max Frisch Leben**
1931-1933	Studium der Germanistik an der Universität Zürich Abbruch des Studiums Er beginnt als freier Mitarbeiter für die "Neue Zürcher Zeitung" zu arbeiten	
1936-1941	Studium der Architektur an der Technischen Universität Zürich	
1942	Am 30. Juli 1942 heiratet Frisch Constanze Meyerburg Eröffnet sein eigenes Architekturbüro, das er bis 1955 betreibt	
1958	Auszeichnung mit dem Georg-Büchner-Preis	
1959	Scheidung von seiner ersten Frau	
1960-1962	Lebt mit der österreichischen Schriftstellerin Ingeborg Bachmann in Rom	
1968	heiratet die 28 Jahre jüngere Marianne Oellers und zieht mit ihr nach Küsnacht am Zürichsee	
1978	Die Ehe mit Marianne Oellers wird geschieden	
1976	Erhält den Friedenspreis des Deutschen Buchhandels	
1980	lebt mit Alice Locke-Carey in New York Er erhält die Ehrendoktorwürde des *Bard College* und die der *City University of New York*	
1984	kehrt nach Zürich zurück und lebt mit Karin Pilliod bis zu seinem Tod	
1991	Max Frisch verstirbt am 4. April 1991 an einer Krebserkrankung in Zürich	

4

1934	erster Roman „Jürg Reinhart" erscheint	Max Frisch Werke
1946	Theaterstück „Die chinesische Mauer"	
1950	„Tagebuch 1946-1949"	
1954	Roman „Stiller"	
1957	Roman „Homo Faber"	
1958	Uraufführung des Stücks „Biedermann und die Brandstifter"	
1961	Uraufführung des Theaterstücks „Andorra"	
1965	Roman „Mein Name sei Gantenbein"	
1972	zweites "Tagebuch 1966-1971"	
1975	Erzählung Montauk erscheint	
1982	publiziert seinen Roman „Blaubart" mit 71 Jahren	
1989	Dreharbeiten zur Verfilmung des "Homo Faber" unter Volker Schlöndorff beginnen	
1990	„Schweiz als Heimat? Versuche über 50 Jahre" wird unter der Herausgeberschaft von Walter Obschlager veröffentlicht	
1991	"Homo Faber" kommt in die Kinos	

1.2 Inhaltszusammenfassung

Das Drama „Andorra" wurde von Max Frisch, welcher am 15. Mai 1911 in Zürich geboren und am 4. April 1991 verstorben ist, verfasst. „Andorra" ist als Stück am 2. November 1961 im Schauspielhaus Zürich uraufgeführt worden. Die Handlungen tragen sich auf einem Dorfplatz in einem fiktiven Land, Andorra zu. Andri, der zwanzig Jahre alte Protagonist, wird von seinen Eltern als Jude erklärt, der von ihnen gerettet wurde, was sich als eine Lüge herausstellt. Folglich erlebt er eine Identitätskrise geprägt von Vorurteilen, die ihm am Ende das Leben kosten.

Andri ist der Pflegesohn des Lehrers Can, der angeblich als Jude von ihm gerettet wurde. Andri, dessen Traum es ist Tischler zu werden, ist in seine Tochter Barblin verliebt und möchte sie heiraten. Andri, der aber das Kind einer außereheliche Beziehung Cans mit einer Schwarzen ist, was ihn zu Barblins Halbbruder macht, wird die Heirat von Can verweigert. Andri ist aber davon überzeugt, aufgrund seines Judenstatus Barblin nicht heiraten zu dürfen und verliert schließlich auch zu Can all sein Vertrauen. Um Cans Affäre zu vertuschen, hat er Andri als Jude ausgegeben, welche von dem Nachbarvolk, den Schwarzen verfolgt werden, aber auch in Andorra, wo sie nicht verfolgt werden, schlechtes Ansehen haben. Deshalb wird Andri, der in Wahrheit kein Jude ist, immer wieder mit Eigenschaften konfrontiert, die ihm zugeschrieben werden. So machen die Bewohner von Andorra seine Lehre als Tischler zunichte. Andri spricht mit dem Pater Benedikt, jedoch kann er Andri nicht helfen, da er ihm rät, sich seinem Anderssein als Jude anzunehmen. Andri versucht aber ständig, sich möglichst gut an die Andorraner anzupassen. Senora, Andris Mutter, kommt nach Andorra gereist, um Andri zu sehen. Bei dieser Gelegenheit beschließt Can, den Andorranern Andris Status als sein Sohn zu offenbaren und erklärt seinen Status als Jude als eine Lüge. Can bittet den Pater, Andri die Wahrheit vorsichtig beizubringen, doch Andri hat das Anderssein und sein „Jude-sein" mittlerweile verinnerlicht und glaubt dem Pater nicht. Während Andri mit dem Pater spricht, wird seine Mutter mit einem Stein ermordet. Der Mord wird sofort Andri mit Unrecht angehängt. Nur kurze Zeit später treten die Schwarzen in Andorra ein. Bis auf Barblin und Can befolgen die Bewohner sofort die Befehle der Schwarzen. Barblin versucht vergebens Andri bei ihr zu verstecken, aber der Soldat, der schon lange ein Auge auf Barblin hat, führt Andri ab. Anschließend findet eine Judenschau statt. Barblin versucht die Bewohner von Andris Unschuld zu überzeugen, diese ignorieren sie aber. Alle müssen sich mit schwarzen Tüchern verhüllen, wobei Andri offiziell als Jude von dem Judenschauer an seinem Gang enttarnt und anschließend exekutiert wird. Daraufhin erhängt sich Andris Vater. Der Rest der Gesellschaft, bedauert zwar die Geschehnisse, fühlt sich aber nicht schuldig. Barblin wird verrückt und weißelt Häuser, wie am Anfang.

1.3 Figurencharakterisierungen

1.3.1 Andri

Das 1961 erstmals aufgeführte Drama „Andorra", welches von Max Frisch verfasst wurde, erzählt die Geschichte von Andri, einem zwanzig Jahre alten Juden, der mit den Vorurteilen der Menschen zu kämpfen hat und im Laufe des Werkes mit Selbstzweifeln zu leiden hat.

Die Andorraner, die Bewohner Andorras, nehmen Andris tatsächliches Verhalten nicht wahr und zwängen ihn stattdessen in die Vorurteile von Juden.[1] Deshalb machen sie sich ein negatives Bild von ihm. Zunächst versucht Andri sein Verhalten anzupassen um nicht den Vorurteilen der Andorraner zu entsprechen. Seinem Vater gegenüber fühlt er sich aufgrund seiner Adoption zu Dankbarkeit bestimmt, dennoch will er die Tochter von Can heiraten.[2] Als dieser ihm jedoch seinen Wunsch verwehrt, nimmt Andri an, dass sich dies auf die Gegebenheit bezieht, dass er Jude ist.[3] So verliert er sein ganzes Vertrauen in seinen Vater.[4] Als er mit Barblin spricht, deutet er an, dass er einen Plan hat und das Land mit ihr verlassen und sich selbständig machen will. Er nimmt Abstand von allem Andorranischem, indem er sie trotzig hasst. Doch dann, glaubt Andri, Barblin ist ihm untreu geworden, weil er Jude ist.[5] Als Andri zunehmend begreift, dass sein anpassendes Verhalten nicht ausreicht, um den Missgunst der Andorraner angesichts den Juden auszugleichen, fängt er an die Rolle des Juden anzunehmen.[6] Andri ist jetzt unter dem Druck der Gesellschaft so geworden, wie die Andorraner Juden sehen wollen. Selbst als sein Vater zu Andris Schutz dessen wahre Identität als Schwarzer aufdeckt[7], wehrt er diese ab und bleibt lieber in der Rolle des Juden und Sündenbocks. „Sie haben recht [...] Ich bin's".[8] Als er von den Schwarzen, die inzwischen Andorra eingenommen haben, an seinem Gang als vermeintlicher Jude identifiziert wird[9], nimmt er diese Rolle noch ein letztes Mal an, bevor diese ihm den Tod einbringt.[10]

Während der Handlung verändert er sich von einem optimistischen Lehrling zu einem pessimistischen Juden, der niemanden mehr vertraut und alle Hoffnungen verloren hat.

---

[1]   Vgl. Max *Frisch*, Andorra. Stück in zwölf Bildern. (Frankfurt am Main 1975) 22, im Folgenden zit. als *Frisch*, Andorra.
[2]   Vgl. *Frisch*, Andorra, 44.
[3]   Vgl. *Frisch*, Andorra, 47.
[4]   Vgl. *Frisch*, Andorra, 56.
[5]   Vgl. *Frisch*, Andorra, 98.
[6]   Vgl. *Frisch*, Andorra, 86.
[7]   Vgl. *Frisch*, Andorra, 85.
[8]   *Frisch*, Andorra, 86.
[9]   Vgl. *Frisch*, Andorra, 122.
[10]   Vgl. *Frisch*, Andorra, 123.

1.3.2 Barblin

Das 1961 erstmals aufgeführte Drama „Andorra" wurde von Max Frisch verfasst. Barblin ist die Halbschwester des Protagonisten, Andri, mit dem sie eine heimliche Liebesbeziehung führt.

Barblin ist die 19-jährige Tochter[1] des Lehrers Can und begreift nicht, dass sie Andris Halbschwester ist. Ihr Vater hatte eine Affäre mit einer Schwarzen und gab deswegen Andri als Juden aus, weil es zu der Zeit einfacher war ein Judenkind zu haben, als ein schwarzes Kind.[2] Diese Lüge erschwert das Leben von Barblin und Andri und ist die Ursache für die folgenden Vorurteile und Missstände zwischen den Beiden. Das Drama beginnt mit ihr, als sie das Haus ihres Vaters weiß anstreicht. Sie ist sehr von der Aufdringlichkeit des Soldaten irritiert[3] und weist ihn mit den Worten „Ich bin verlobt!"[4] ab, denn sie ist in Andri, den Juden, verliebt und will ihn heiraten. Barblin ist eine der wichtigsten Personen im ganzen Drama, da sie nicht von den Stereotypen der Juden beeinflusst wurde und Andri mag. Deswegen hat sie große Angst vor den antisemitistischen „Schwarzen", was sie zu erkennen gibt wenn sie mit dem Pater redet „Und wenn sie trotzdem kommen?"[5] Sie möchte Andri unentwegt von den Vorurteilen und Misshandlungen der Andorraner schützen[6] und ihm die Selbstzweifel nehmen.[7] Sie ist sehr furchtlos, was sich zeigt, als ihr die Konsequenzen von dem „Braut eines Juden" sein bewusst sind[8], und nicht vor ihrer Beziehung mit Andri zurückschreckt. Auch als die Judenschau in Kraft tritt, zögert sie nicht und wirft ihr schwarzes Tuch vor den Judenschauer.[9] Folglich wird sie geschoren und muss wie am Anfang des Buches das Pflaster weißeln.[10] Zwischen diesen beiden Szenen liegt die Leidensgeschichte der Figur. Ihr Leben wird jedoch am Ende des Dramas offen gelassen. Sie äußert das erste und das letzte Wort im Drama.

Im Laufe des Buches verändert sich Barblin von einer passiven Figur, zu einer aktiven Persönlichkeit, indem sie sich stark für Andris Unschuld einsetzt. Am Ende wird sie verzweifelt und überfordert mit der Ermordung Andris und des Suizids ihres Vaters.[11]

---

[1]   Vgl. *Frisch*, Andorra, 11.
[2]   Vgl. *Frisch*, Andorra, 77.
[3]   Vgl. *Frisch*, Andorra, 7.
[4]   *Frisch*, Andorra, 8.
[5]   *Frisch*, Andorra, 11.
[6]   Vgl. *Frisch*, Andorra, 42.
[7]   Vgl. *Frisch*, Andorra, 25.
[8]   Vgl. *Frisch*, Andorra, 12.
[9]   Vgl. *Frisch*, Andorra, 116.
[10]   Vgl. *Frisch*, Andorra, 124.
[11]   Vgl. *Frisch*, Andorra, 126.

1.3.3 Der Pater

Das 1961 erstmals aufgeführte Drama „Andorra" welches von Max Frisch verfasst wurde, erzählt die Geschichte von Andri, ein Jude welcher mit Vorurteilen zu kämpfen hat. Die Nebenfigur Pater Benedikt, welche sehr religiös ist, versucht ihm zu helfen, trotz der verschiedenen
Religionen.

Pater Benedikt ist ein Einwohner Andorras. Er ist eine barmherzige Figur und versucht jedem
zu helfen. Der Pater taucht mehrmalig mit seinem Fahrrad auf.[1] Er ist meist sehr verständnisvoll
demzufolge versteht er auch Andris Not als Pater Benedikt Andri zu sich rief nachdem viel
Einwohner Andorras ihm mit Vorurteilen begegnen. Er versucht Andri mit Liebe entgegen zu
kommen[2] „Aber du sollst wissen, - daß [sic] wir dich gern haben, Andri, so wie du bist."[3] mit
diesen Worten versuchte er Andri aufzuheitern. Pater Benedikt ist äußerst religiös, so zitiert er
„unseren Herr" und besucht auch die Messe, wofür er von einem Kirchendiener gekleidet wird.[4]
Als Andri, der Sohn von Can, zu ihm kam und anschließend weinte, nachdem er viele Selbstzweifel hatte, versucht er ihn zu unterstützen und bezeichnet Andri als Prachtkerl.[5] Der Pater
versucht ihm zu helfen, indem er ihm mitteilt, dass er sich selbst lieben soll.[6] Darauf folgend
beschuldigt er sich selbst, dass er versucht habe Andri mit Liebe zu begegnen, doch auch er
habe sich ein Bildnis von Andri gemacht.[7] „Ich habe ihn gefesselt, auch ich habe ihn an den
Pfahl gebracht"[8] nachdem auch er Vorurteile gegenüber Andri hatte. „Du sollst dir kein Bildnis
machen von Gott, deinem Herrn, und nicht von den Menschen, die seine Geschöpfe sind."[9] Er
war der einzige der wusste, dass Andri den Stein nicht warf doch in dem Buch wurde nie wieder
erwähnt, dass er ihn verteidigt.

Am Anfang erscheint er sehr unschuldig und harmlos doch im Laufe des Buches bemerkt man,
wie er Andri nicht verteidigt und versucht seinen Ruf zu retten. Er sagt man sollte sich kein
Bild von anderen Menschen machen, doch auch er selbst hatte Antisemitische Vorurteile gegenüber Andri.

---

[1]   Vgl. *Frisch*, Andorra, 9.
[2]   Vgl. *Frisch*, Andorra, 64.
[3]   *Frisch*, Andorra, 59.
[4]   Vgl. *Frisch*, Andorra, 63.
[5]   Vgl. *Frisch*, Andorra, 61.
[6]   Vgl. *Frisch*, Andorra, 63.
[7]   Vgl. *Frisch*, Andorra, 65.
[8]   *Frisch*, Andorra, 65.
[9]   *Frisch*, Andorra, 65.

1.3.4 Der Wirt

Das 1961 erstmals aufgeführte Drama „Andorra", welches von Max Frisch verfasst wurde, erzählt die Geschichte von Andri, einem Juden welcher mit Vorurteilen zu kämpfen hat. Die Nebenfigur, der Wirt hat viele Vorurteile in Hinsicht auf Juden und somit auch Andri gegenüber.

Der Wirt ist ein Einwohner Andorras, welcher in einer Pinte arbeitet und viele Vorurteile gegenüber Juden hat. Dies erkennt man gut, wenn der Autor schreibt:„ Die Andorraner sind gemütliche Leut, aber wenn es ums Geld geht, das hab ich immer gesagt, dann sind sie wie der Jud."[1] Er behandelte Andri schlechter, als andere doch als er an die Zeugenschranke tretet, ist er der Meinung, dass er keine Schuld trägt, nachdem alle dachten, dass Andri ein Jude sei. Er ist überzeugt, dass alle es großartig fanden, dass Can einen Juden gerettet hat.[2] Der Wirt ist nebenbei ein hervorragender Geschäftsmann, er schlägt Can vor, sein Land zu verkaufen, weil dieser unbedingt Geld braucht und er es somit billiger bekommen kann.[3] Seine Abneigung zu den Schwarzen zeigt sich als er meint: „Noch gibt's ein Gastrecht in Andorra […] Ein Wirt kann nicht Nein sagen, und wenn die Lage noch so gespannt ist […]."[4] Er scheint über das Dasein der Schwarzen sehr unsicher, nachdem er nachfragt, ob er sicher kein Verräter ist da er eine Schwarze, die Senora bei sich aufnimmt.[5] Als diese aber tot aufgefunden wird, behauptet er, dass Andri den Stein nach ihr geworfen hat[6] und beschuldigt ihn mit Unrecht. Um seine Beschuldigung zu untermauern, stellt die Szene, die er anscheinend gesehen hat nach „Hier, genau an dieser Stelle, bitte sehr, hier lag der Stein, ich hab ihn ja selbst gesehen, ein Pflasterstein, ein loser Pflasterstein […]"[7] Er zeigt ebenfalls seine antagonistische Haltung gegenüber allem was anders ist, als er sich bei der Judenschau der Verpflichtung widersetzt, sich ein schwarzes Tuch über den Kopf zu ziehen.[8] Erst als er dann mit der Beschuldigung konfrontiert wird, er hätte über den Täter des Mordes der Senora gelogen, folgt er dem Befehl. Auch nach der Judenschau bezeichnet er die Aussage, dass Andri der Sohn von Can ist, als eine Lüge.[9]

Er entwickelte sich von einem freundlichen Gastwirt zu einem potentiellen Mörder und Lügner.

---

[1] *Frisch*, Andorra, 15.
[2] Vgl. *Frisch*, Andorra, 24.
[3] Vgl. *Frisch*, Andorra, 17.
[4] *Frisch*, Andorra, 69.
[5] Vgl. *Frisch*, Andorra, 69.
[6] Vgl. *Frisch*, Andorra, 88.
[7] *Frisch*, Andorra, 108.
[8] Vgl. *Frisch*, Andorra, 110.
[9] Vgl. *Frisch*, Andorra, 122.

1.3.5 Der Lehrer

Das 1961 erstmals aufgeführte Drama „Andorra", welches von Max Frisch verfasst wurde, erzählt die Geschichte von Andri, einem zwanzig Jahre alten Juden. Can ist sein Adoptivvater,
der sich schließlich als sein leiblicher Vater herausstellt und ist somit der Auslöser von Vorurteilen und Selbstzweifeln, mit denen Andri zu kämpfen hat.

Can dessen Beruf Lehrer ist, lebt mit seiner Frau, seiner Tochter und Andri zusammen in Andorra. Er trägt gelegentlich einen Hut und hat Schulbücher unter seinem Arm.[1] Andri, der Sohn
des Lehrers wuchs mit der Lüge auf, er sei ein Jude, der von den Schwarzen gerettet wurde.[2]
Allerdings ist er der leibliche Sohn des Lehrers. Can wollte aber nichts von seiner Affäre mit
einer Schwarzen erzählen. Demzufolge verbietet er seiner leiblichen Tochter, Andri zu heiraten[3] ohne sie über seine Lage zu informieren. Dennoch gab er später seine Situation zu, als auch
Andris Mutter, die Senora erschien, mit der er eine Liebesbeziehung hatte. Hätte er früher die
Wahrheit erzählt, hätte er Beiden viel Leid ersparen können, nachdem Andri von den Andorranern herablassend behandelt wurde. Der Lehrer wuchs in Andorra auf. „Der Eber!"[4] So wurde
er früher genannt, als er ein junger Lehrer war. Am Anfang begegnet man Can, welcher sturz-
betrunken versucht mit dem Wirt einen Preis für einer Lehre Andris zu verhandeln.[5] Folglich
gibt er viel Geld aus, um Andri eine Lehre zu beschaffen. Er gibt sich viel Mühe beide Kinder
gleich zu behandeln. Dies zeigt er, als er sein eigenes Land für Andri verkaufte.[6] Im Laufe des
Buches geht Can öfter in die Bar, so auch als Barblin und Andri heiraten wollen. „Jetzt trinkt
er wieder bis Mitternacht."[7] Als die Schwarzen einmarschieren, vermummen sich alle. Allerdings sind Barblin und der Lehrer die Einzigen, die den Handlungen der Schwarzen nicht ta-
tenlos zuschauen. Als die Schwarzen Andri abführen, weist Can die Andorraner hin, sie sollen
nach Hause gehen und sich vor sich selbst ekeln.[8] Er selbst kann die Schuld aber nicht auf sich
nehmen das Andri exekutiert wurde und somit erhängt er sich in seinem Klassenzimmer.[9]

Can entwickelt sich von einer verständnisvollen Person, hinzu einem Lügner der dann jedoch
seine Fehler einsieht und alles versucht um Andri zu retten.

---

[1] Vgl. *Frisch*, Andorra, 41.
[2] Vgl. *Frisch*, Andorra, 24.
[3] Vgl. *Frisch*, Andorra, 46.
[4] *Frisch*, Andorra, 37.
[5] Vgl. *Frisch*, Andorra, 13.
[6] Vgl. *Frisch*, Andorra, 17.
[7] *Frisch*, Andorra, 49.
[8] Vgl. *Frisch*, Andorra, 123.
[9] Vgl. *Frisch*, Andorra, 126.

1.4 Vorurteile und Schuld

Figur	Antisemitistisches Vorurteil	Schuld
Der Pater	Obwohl er Andri helfen wollte, bedrängte er ihn damit, seine Eigenschaften als Jude anzunehmen. Er meinte Andri sollte sich nicht mehr Anpassen und sein „Jud-sein" annehmen. Daher glaubte Andri nicht, dass er ein Schwarzer ist.	Er wusste, dass Andri kein Jud ist und half ihm trotzdem nicht seine wahre Identität bei der Judenschau zu offenbaren. Er ist der einzige, der sich schuldig fühlt.
Wirt	Er meint, dass er Andri niemals schlecht behandelt hatte, jedoch als die Senora ermordet wurde schob er die Schuld sofort auf Andri, weil er Jud ist.	Der Wirt fühlt sich trotzdem nicht schuldig, da er ja die Wahrheit nicht wissen konnte.
Soldat	Er hat Andri hauptsächlich dafür gehasst, dass er Jude war. Er schrieb ihm alle Eigenschaften zu, die den Vorurteilen entsprechen, auch weil er Barblin mochte. Er glaubte bis zum Ende, dass Andri Jude war.	Seiner Meinung nach, habe er ihn nicht getötet nachdem er nur seinem Dienst nachging, obwohl er sich auch widersetzten hätte können.
Geselle	Er sei der Meinung, dass es Andri recht geschah, er sagt, dass es an Andri lag, sonst wär's nie so weit gekommen. Außerdem beanspruchte er Andris Sessel um besser dazustehen.	Er meint, dass er nicht Schuld daran sei, dass sie ihn geholt haben.
Tischler	Er wollte Andri nicht in seiner Werkstatt haben weil es nur Unannehmlichkeiten geben würde. Er dachte, Andri wäre ein guter Verkäufer weil alle Juden gut mit Geld umgehen würden.	Er meinte es ja nur gut mit Andri, somit fühlt er sich nicht schuldig.
Doktor	Der Doktor versteht nicht warum er sich anders verhalten hätte sollen und schiebt es auf seine Art alles zu sagen was er denkt. Er behauptet, dass Andris Verhalten mehr und mehr etwas Jüdisches hatte.	Er sei nicht schuld. Man könne den Lauf der Dinge nur bedauern, denn im Nachhinein wüsste man immer besser was man hätte tun sollen.
Jemand	Als die Soldaten Andri holten tat er ihm zwar leid, aber er tat nichts dagegen. Einmal hörte man einen Schrei aber man müsse auch vergessen können, findet Jemand.	Das einzige was er zugibt ist, dass keiner wusste wer den Stein warf sonst fühlt er sich nicht schuldig.

1.5 Mindmap

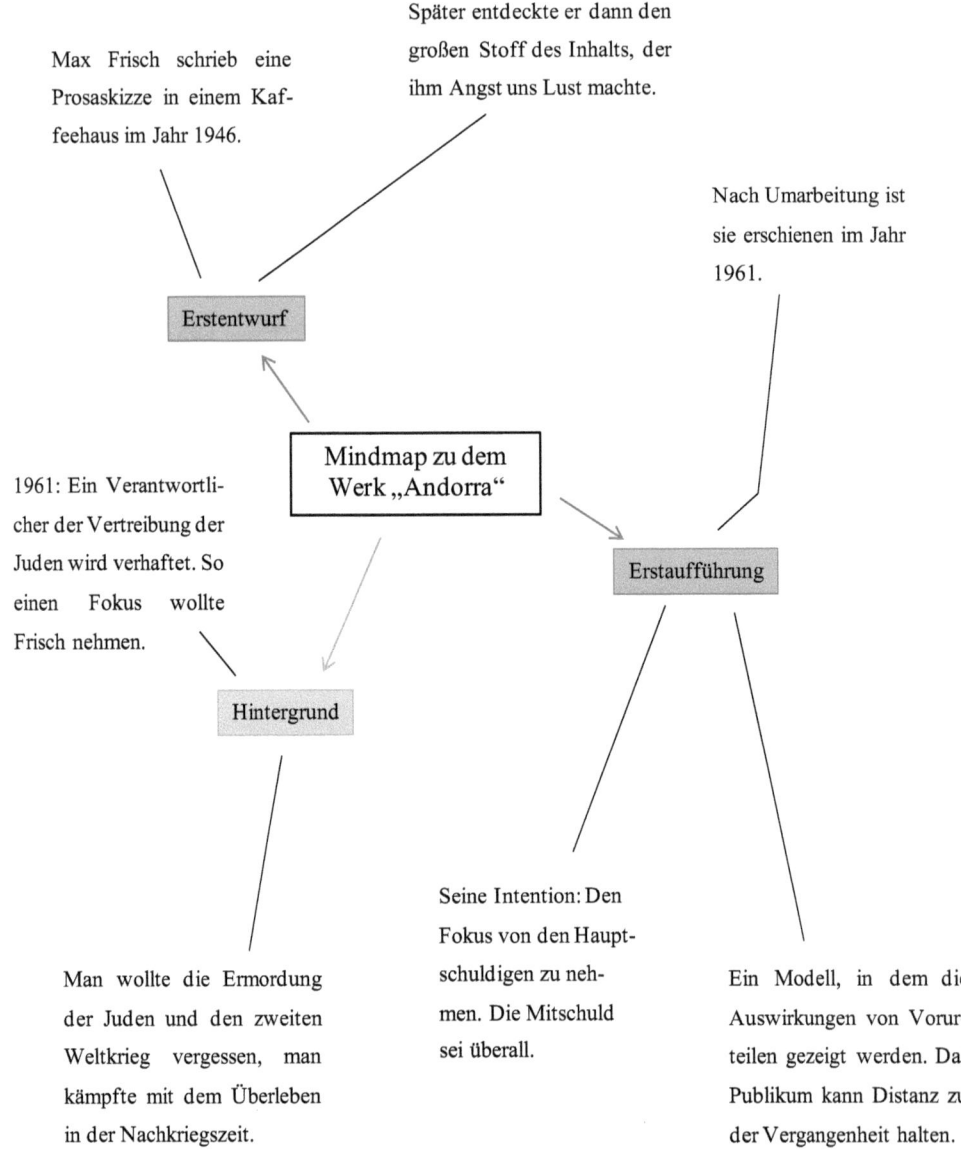

Max Frisch schrieb eine Prosaskizze in einem Kaffeehaus im Jahr 1946.

Später entdeckte er dann den großen Stoff des Inhalts, der ihm Angst uns Lust machte.

Nach Umarbeitung ist sie erschienen im Jahr 1961.

Erstentwurf

Mindmap zu dem Werk „Andorra"

1961: Ein Verantwortlicher der Vertreibung der Juden wird verhaftet. So einen Fokus wollte Frisch nehmen.

Erstaufführung

Hintergrund

Man wollte die Ermordung der Juden und den zweiten Weltkrieg vergessen, man kämpfte mit dem Überleben in der Nachkriegszeit.

Seine Intention: Den Fokus von den Hauptschuldigen zu nehmen. Die Mitschuld sei überall.

Ein Modell, in dem die Auswirkungen von Vorurteilen gezeigt werden. Das Publikum kann Distanz zu der Vergangenheit halten.

1.6 Zusammenfassung von „Brief an den Suhrkamp Verlag"

Der am 10.1.1961 verfasste Brief von Max Frisch, ging an den Chef des Suhrkamp Verlags, Siegfried Unseld, sowie an die Beiden Suhrkamp-Lektoren Hans Magnus und Karlheinz Braun. Max Frisch äußert sich darin zu einer Diskussion über die Entstehung und Erstaufführung des Werkes.

Frisch wurde vorgeworfen, dass das Stück von den Eichmanns handelt. Adolf Eichmann wäre ein wiederholt vorkommender Massenmörder. Infolge dessen erwiderte er, das Stück handle von „uns" und „unseren Freunden", doch vor allem von denen, die es möglich machten, dass Hitler es so weit schaffte. Die Schwarzen würden kaum in dem Buch teilnehmen, sie seien stumm. Frisch meinte, dass dieser Vorwurf der FAZ (Frankfurter Allgemeine Zeitung) passen würde, Eichmann als der Schuldige. Es sei Max Frisches Plan, dass das Publikum die Andorraner als die Schuldigen bezeichne. Sie würden zwar die Andorraner als die Schuldigen assoziieren doch selbst würden sie sich nicht schuldig fühlen, nachdem sie selbst vielleicht nie einem Juden etwas antaten. Frisch sei der Meinung, dass die Andorraner Andri nur zu einem Juden machten, in einer Welt, wo das ein Todesurteil ist. Er möge die Schuld zeigen, wo er sie sehe. Frisch bezweifelte von Zuschauern missverstanden zu werden, nachdem er kaum zwischen Zuschauer und Andorraner differenzierte.

Max Frisch vermittelte die Schuld der Andorraner sehr gut, dass sich die Einwohner Unschuldig fühlen trotz ihrer Taten. Für die Andorraner ist man nur schuldig, wenn man jemanden tötet, beziehungsweise physikalisch verletzt. „Andorra" ist meiner Meinung nach ein sehr politisches Buch nachdem Max Frisch bewusst die Figuren im Buch die echte, besser gesagt die ehemalige Welt wiederspiegelt. Er bringt die Zuschauer dazu, Andri zu bemitleiden und ihn zu sympathisieren trotz seiner Religion. Die Schwarzen werden auch oft als „die Bösen" und die Andorraner als „die Guten" dargestellt. Dadurch verübt er Kritik an dem Verhalten der Deutschen in der Zeit des Zweiten Weltkriegs und auch in der Nachkriegszeit.

1.7 Symboliken

1.7.1 Schwarz

In der Farbe Schwarz äußert sich der Wille zur Vernichtung des Bestehenden und dem Gegensatz zu allem Positiven. Schwarz, illustriert in „Andorra" den totalen Kontrast zu Weiß, sowie Dunkelheit und den Tod. Die Schwarzen weisen auch Gemeinsamkeiten mit der Gestapo, der nationalsozialistische Geheimpolizei auf. Ihre Ähnlichkeiten beziehen sich auf den Antisemitismus, die Verfolgung der Juden sowie die Farbe der Uniformen. Die Schwarzen werden als Judenverfolger bezeichnet, welche ein Bedrohung und Seuche für den Staat Andorra sind. Sie würden jeden Juden holen und die Frau eines Juden werde von ihnen geschoren, wie ein räudiger Hund[1], behauptet das Volk. Diese Aussage bestätigt sich, als Barblin nach der Entlarvung von Andri als Jude schließlich geschoren[2] und als Judenhure beschimpft wird.[3] Die Gestapo verhing jedoch dazu noch schlimmere Maßnahmen, die zur Hinrichtung vieler Menschen führte, die einen Juden beherbergten, sowohl auch in der Schweiz, einem zu der Zeit neutralen Land[4], wie Andorra es im Werk ist. Die Schwarzen seien die, die Andorra angreifen wollen.[5] Die Schwarzen kommen bis zu ihrer Invasion in Andorra nur in Gesprächen der Andorraner vor. Als erste Schwarze tritt eine Besucherin in Andorra, die Senora, auf.[6] Sie stellt sich nach ihrem Tod als die Mutter von Andri heraus.[7] Bis auf sie werden alle Schwarzen durch stumme Rollen repräsentiert. Die Schwarzen sind eine gewalttätige Macht, die Andorra annektiert, den Andorranern aber verspricht, dass ihnen nichts geschehen wird.[8] Andri, der Jude, wird verfolgt und dann abgeführt. Durch die Schwarzen findet dann eine Judenschau statt. Dabei müssen alle Andorraner sich mit einem schwarzen Tuch verhüllen, um am Gang einen Juden erkennen zu können.[9] Die Judenschau zeigt ebenfalls Eigenschaften der Gestapo auf, da diese noch einmal die radikale Judenverfolgung charakterisiert. Schwarz veranschaulicht ebenfalls Verrat, als Barblin nach der Abführung von Andri den Pater als schwarz bezeichnet.[10]

---

[1] Vgl. *Frisch*, Andorra, 12.
[2] Vgl. *Frisch*, Andorra, 127.
[3] Vgl. *Frisch*, Andorra, 103.
[4] Vgl. Benedikt *Meyer*, „Es konnte jeden reffen". In: universitas, online unter <https://www.unifr.ch/universitas/de/ausgaben/2017-2018/marx/%C2%ABes-konnte-jeden-treffen%C2%BB.html> (abgerufen am 09.12.2021), im Folgenden zit. als: *Meyer*, „Es konnte jeden treffen". In: universitas.
[5] Vgl. *Frisch*, Andorra, 10.
[6] Vgl. *Frisch*, Andorra, 66.
[7] Vgl. *Frisch*, Andorra, 77.
[8] Vgl. *Frisch*, Andorra, 103.
[9] Vgl. *Frisch*, Andorra, 106.
[10] Vgl. *Frisch*, Andorra, 127.

1.7.2 Weiß

Die Farbe Weiß symbolisiert die Reinheit und Unschuld des Volks.

Es gibt also keine Abweichungen von dem einwandfreien Staat und wird im Buch in Verbindung mit der Jungfraulichkeit gebracht, als der Soldat die Mädchen die weißeln, als Jungfrauen bezeichnet.[1] Weiß erhält allerdings auch den symbolischen Hintergrund der vorgetäuschten Schuld und des Leugnens, da die Andorraner ihre Häuser mit weißer Farbe streichen. Ein weißes Andorra ist das Ziel der Andorraner, dies bedeutet sie wollen ein unschuldiges Andorra oder eher, sie wollen die Schuld verstecken.

Anfangs weißelt Barblin das Haus ihres Vaters am Sanktgeorgstag.[2] Jedoch später muss Barblin das Pflaster weißeln[3], wobei dies ein Zeichen der Verleugnung und Vertuschung der Unschuld ist, die alle Andorraner mit sich tragen, weil sie zu dem Tod Andris beigetragen haben. Die Worte Barblins untermauern diese Situation, „ [...], ich weiße, auf daß [sic] wir ein weißes Andorra haben, ihr Mörder, ein schneeweißes Andorra, ich weißle euch alle – alle."[4]

Die Andorraner wollen so den Schmutz und die Missstände, die sich als Schuld der mangelnden Selbstreflexion entpuppen, mit Weiß übertünchen.

Die Farbe Weiß wird auch im Zusammenhang mit der Kirche benutzt. So meint der Peider „Nämlich seine Kirche ist nicht so weiß, wie sie tut, das hat sich herausgestellt, nämlich seine Kirche ist auch nur aus Erde gemacht, und die Erde ist rot [...]."[5] und wenn Platzregen kommt, wird die Farbe der Kirche hinuntergewaschen, als hätte man eine Sau darauf geschlachtet.[6] Jedoch wird die Kirche in dem Drama kaum angesprochen. Dies verweist auf die Unreinheit der Kirche in der Zeit der Nationalsozialisten.

Noch dazu weisen die Anspielungen des Soldaten darauf hin, dass eine Katastrophe bevorsteht, was sich später als die Realität herausstellt. Jedoch die Bewohner von Andorra glauben an die Unschuld von Andorra und meinen auch, dass die ganze Welt auf ihrer Seite ist und sie verteidigen würde.[7]

---

[1] Vgl. *Frisch*, Andorra, 8.
[2] Vgl. *Frisch*, Andorra, 7.
[3] Vgl. *Frisch*, Andorra, 124.
[4] *Frisch*, Andorra, 125.
[5] *Frisch*, Andorra, 9.
[6] Vgl. *Frisch*, Andorra, 9.
[7] Vgl. *Frisch*, Andorra, 70.

1.7.3 Der Pfahl

Das Symbol des Pfahls taucht das erste Mal auf, als der Lehrer und der Tischler während eines Gesprächs einen Pfahl vor der Pinte entdecken.[1] Der Pfahl wird vom Lehrer gesehen, aber vom Tischler geleugnet.[2] Was der Lehrer eindeutig als Pfahl identifiziert, ist für den Tischler nicht vorhanden.

Auch auf aufführungspraktischer Ebene sah sich Frisch mit der Pfahlthematik konfrontiert. Er entschied, dass der Pfahl bei der Uraufführung nicht zu sehen sein wird.[3] So entsteht eine Teilung zwischen verbaler und nonverbaler Kommunikation. Man sollte so nur noch durch die Augen und durch die Worte des bestürzten Vaters das Symbol des Pfahls erfassen.

Jedoch wird schon vorher davon gesprochen, als Barblin die Gerüchte des Volks aufwirft, die behaupten, dass ein Jude an den Pfahl kommt, wegen den Schwarzen.[4] Der Lehrer war sich der drohenden Gefahr schon sehr früh bewusst, die durch den Pfahl vorausgedeutet wurde, trotzdem kommt seine Erkenntnis viel zu spät, wenn man betrachtet, dass der Lehrer die Ursache für die Lügen über die Herkunft von Andri und die Hinrichtung Andris ist.

Andri selbst sieht den Pfahl nie. Trotzdem ist er in seinen Gedanken und seiner Selbstbemitleidung da, als Andri zu erkennen beginnt, dass sein Leben vorbei ist. „Ich bin nicht der erste, der verloren ist. […] Tausende und Hunderttausende sind gestorben am Pfahl, ihr Schicksal ist mein Schicksal".[5]

Mit Andris Erwähnung des Pfahls wird somit klar, dass er die Rolle des Sündenbocks einnimmt. Die Andorraner und die Schwarzen sind Verfolger, sie glauben an seine Schuld. Der Pater, hingegen zu den anderen Figuren des Buches, ist der einzige der sich seine Mitschuld an Andris tot eingesteht, und meint er sei auch Schuld daran, dass Andri an den Pfahl kam[6], wobei man jedoch das Bildnis nie sah, dass Andri an einen Pfahl gebunden wurde.

---

[1]   Vgl. *Frisch*, Andorra, 13.
[2]   Vgl. *Frisch*, Andorra, 14.
[3]   Vgl. Heinz *Mosmann*, „Andorra" als pädagogische Aufgabe. Zur Wechselbeziehung von Individualität und Gemeinschaft. In: waldorfcampus-hn, online unter <https://waldorfcampus-hn.de/files/docs/Kursiv/Artikel/13%20Sommer%20Andorra.pdf> (abgerufen am 10.12.2021).
[4]   Vgl. *Frisch*, Andorra, 12.
[5]   *Frisch*, Andorra, 95.
[6]   Vgl. *Frisch*, Andorra, 65.

1.7.4 Das Anstreichen der Häuser

Weiß erhält den Hintergrund der vorgetäuschten Schuld und des Leugnens. Ein weißes Andorra ist das Ziel der Andorraner, sodass sie ihre Häuser mit weißer Farbe streichen. Dies bedeutet sie wollen ein unschuldiges Andorra oder eher, sie wollen die Schuld verstecken.

Das Symbol des Anstreichens der Häuser, kommt zwei Mal in dem Drama vor, allerdings unter anderen Rahmenbedingungen. Diese verändern sich auch im Verlauf des Buches ausschlaggebend. Anfangs weißelt Barblin weil Sanktgeorgstag ist[1], später aber um die Schuld der Andorraner zu übertünchen.[2] Am Anfang, als die Umstände um Andri noch unklar waren, erhält das Weißeln der Häuser noch ein anderes Ansehen der Leser. Hier steht das Anstreichen für Reinheit und für ein Land ohne Makel.

Dass die Andorraner jedoch die Tünche dringend benötigen, wird im Verlauf des Werkes deutlich, auch schon bevor die Schwarzen Andorra annektieren. Das Behandeln einer Person, die nicht die ist, für die sie gehalten wird, ruft ein anderes Bild, auch von Weiß, in den Augen der Leser hervor. Das Anstreichen der Häuser und das Symbol Weiß wird während dem Drama mit den Bedeutung des Verleugnens und der kaschierten Schuld tituliert. Der Eindruck wird demnach ein ganz anderer.

Hierbei ist die Aufnahme von Andri und die Behandlung von Andri ausschlaggebend. Durch die Missstände und durch das Missverhalten der Figuren, wird das Übertünchen eines der bedeutsamsten Symbole des Dramas. „Sie haben dich alle beschimpft und mißhandelt [sic], Andri, aber das wir ein Ende nehmen. […] du, Andri, bist der einzige hier, der die Wahrheit nicht zu fürchten braucht."[3] Max Frisch will mit dem Wert der Schuld in Andorra, anhand von Weiß und dem Weißeln der Häuser, voraussichtlich den Fokus von den Hauptschuldigen nehmen und in den Menschen Selbstreflexion hervorrufen. Auch das Hervorheben der Beteiligten an dem Elend war wahrscheinlich eine Intention des Autors.

---

[1] Vgl. *Frisch*, Andorra, 8.
[2] Vgl. *Frisch*, Andorra, 124.
[3] *Frisch*, Andorra, 79.

2. Interpretationshypothese

Meiner Auffassung nach nimmt Max Frisch Bezug in seinem Drama auf den Wirkungsmechanismus von Vorurteilen Bezug, indem er diesen anhand von Andri verbildlicht. So verfolgt „Andorra" die Entwicklung Andris und die Auswirkungen von einer Voreingenommenheit auf ihn. Dabei werden die unterschiedlichen Ausdrucksformen von Vorurteilen genannt und ihre soziale Funktion beleuchtet.

Der Protagonist wird konfrontiert mit den Stereotypen, die ihn drängen diesen zu entsprechen. Er hat den Wunsch Tischler zu werden[1], doch als sein Meister diesen hört, drängt er ihn in den Verkauf, da ein Jude niemals ein Tischler seien kann.[2] Vor allem der Soldat bezeichnet Andri immer als feig, weil er Jud ist.[3] Andri fängt langsam an die Vorurteile der Menschen zu hinterfragen und zu glauben.[4] So bildet sich in dem Staat eine sogenannte „outgroup": Die Bevölkerung schreibt Juden gewisse Eigenschaften zu, an denen man genau erkennen könne, wer ein Jude ist und wer nicht. Diese Aussage bestätigt sich auch, als Andri an seinem Gang bei der Judenschau als ein Jude identifiziert wird.[5] „Das einzige was Andorra widerfahren könnte, wäre ein Unrecht [...] "[6], meint der Soldat. Doch kurz bevor Andri abgeführt wird, kritisiert der Lehrer die Andorraner hart und sagt, dass System untersuche nicht, wer der Mörder unter ihnen ist.[7] Es ist nur wichtig, dass ein Jude daran Schuld ist und sie nicht.

Jedoch ist auch noch hinzuzufügen, dass Max Frisch mit großer Wahrscheinlichkeit mit „Andorra" Bezug auf die Situation mit der Gestapo, der nationalsozialistischen Geheimpolizei in der Schweiz nimmt, da er selbst aus der Schweiz stammt und diese als „die Schwarzen" veranschaulicht. Diese hatten auch eine schwarze Uniform, was auf die Schwarzen deuten kann. Daneben wird die Schweiz Andorra genannt. Die Gestapo verhing Maßnahmen, die zur Hinrichtung vieler Menschen führte, die einen Juden beherbergten und brachten viele Juden, sowohl auch von der Schweiz, einem zu der Zeit neutralen Land, nach Deutschland in Konzentrationslager oder richteten sie hin.[8] Dieses Bildnis verweist auf die Szene des Dramas, in dem die Schwarzen eine Judenschau veranstalten[9], dort Andri als Juden demaskieren[10], danach abführen

---

[1]   Vgl. *Frisch*, Andorra, 21.
[2]   Vgl. *Frisch*, Andorra, 32.
[3]   Vgl. *Frisch*, Andorra, 22.
[4]   Vgl. *Frisch*, Andorra, 25.
[5]   Vgl. *Frisch*, Andorra, 122.
[6]   *Frisch*, Andorra, 70.
[7]   Vgl. *Frisch*, Andorra, 113.
[8]   Vgl. *Meyer*, „Es konnte jeden treffen". In: universitas.
[9]   Vgl. *Frisch*, Andorra, 106.
[10] Vgl. *Frisch*, Andorra, 122.

und exekutieren.[1] Denn in dem Andorra des Buches wurden Juden nicht verfolgt, jedoch wurden sie von dem Volk schlecht angesehen.[2] In ihrem Verhalten, zeigt sich, dass sie eigene negative Eigenschaften und Verhaltensweisen auf Andri projizieren. Die Andorraner sind von Vorurteilen geprägt, somit hat Andri für die Andorraner eine Sündenbockfunktion. Für die Andorraner wird Andri zum bloßen Anderen, auf den sie das Bild übertragen, das sie sich von „dem Juden" gemacht haben. So werden alle seine Äußerungen und Verhaltensweisen unter dem Vorurteil des typischen Juden gesehen.[3]

Aufgrund dieser Ereignisse in dem Werk von Max Frisch kann also die Interpretationshypothese, dass „Andorra" so konzipiert ist, dass es die Wirkungsmechanismen von Vorurteilen, ihre Bedeutung für das Abgrenzung einer „outgroup" und wie das auf die betroffenen wirkt, zeigt, belegt werden.

---

[1]   Vgl. *Frisch*, Andorra, 123.
[2]   Vgl. *Frisch*, Andorra, 60.
[3]   Vgl. *Frisch*, Andorra, 87.

3. Quellenverzeichnis

3.1 Selbstständige Quellen

Max *Frisch*, Andorra. Stück in zwölf Bildern. (Frankfurt am Main 1975).

3.2 Internetquellen

unbekannter Autor, Max Frisch. In: whoswho, online unter <https://whoswho.de/bio/max-frisch.html> (abgerufen am 18.12.2021).

unbekannter Autor, Max Frisch. In: Wortwuchs, online unter <https://wortwuchs.net/lebens-lauf/max-frisch/> (abgerufen am 18.12.2021).

unbekannter Autor, Max Frisch. In: Lernhelfer, online unter <https://www.lernhelfer.de/schuelerlexikon/deutsch-abitur/artikel/max-frisch#> (abgerufen am 18.12.2021).

Vgl. *unbekannter Autor*, Max Frisch. Friedenspreis 1976. In: Friedenspreis, online unter <https://www.friedenspreis-des-deutschen-buchhandels.de/alle-preistraeger-seit-1950/1970-1979/max-frisch> (abgerufen am 18.12.2021).

Fredi *Lerch*, Max Frisch stirbt. In: Fredi Lerch, online unter <https://stw.fredi-lerch.ch/mae-ander/maeander-1-ich-vertraeumter-reporter/max-frisch-stirbt> (abgerufen am 18.12.2021).

Benedikt *Meyer*, „Es konnte jeden treffen". In: universitas, online unter <https://www.unifr.ch/universitas/de/ausgaben/2017-2018/marx/%C2%ABes-konnte-jeden-treffen%C2%BB.html> (abgerufen am 09.12.2021).

Heinz *Mosmann*, „Andorra" als pädagogische Aufgabe. Zur Wechselbeziehung von Individualität und Gemeinschaft. In: waldorfcampus-hn, online unter <https://waldorfcampus-hn.de/files/docs/Kursiv/Artikel/13%20Sommer%20Andorra.pdf> (abgerufen am 10.12.2021).